学习 XUEXI
段爱平 DUANAIPING

中共山西省委组织部　编

山西出版传媒集团
山西人民出版社

图书在版编目（CIP）数据

学习段爱平／中共山西省委组织部编．—太原：山西人民出版社，2014.3
ISBN 978-7-203-08488-4

Ⅰ.①学… Ⅱ.①中… Ⅲ.①段爱平-生平事迹 Ⅳ.①D263

中国版本图书馆CIP数据核字（2014）第041567号

学习段爱平

编　　者：	中共山西省委组织部
责任编辑：	魏美荣
装帧设计：	谢　成
出 版 者：	山西出版传媒集团·山西人民出版社
地　　址：	太原市建设南路21号
邮　　编：	030012
发行营销：	0351-4922220　4955996　4956039
	0351-4922127（传真）　　4956038（邮购）
E-mail：	sxskcb@163.com　发行部
	sxskcb@126.com　总编室
网　　址：	www.sxskcb.com
经 销 者：	山西出版传媒集团·山西人民出版社
承 印 者：	山西出版传媒集团·山西新华印业有限公司
开　　本：	890mm×1240mm　　1/32
印　　张：	3.125
字　　数：	50千字
印　　数：	1-70 000册
版　　次：	2014年3月第1版
印　　次：	2014年3月第1次印刷
书　　号：	ISBN 978-7-203-08488-4
定　　价：	9.00元

如有印装质量问题请与本社联系调换

目录
MU LU

中共山西省委关于授予段爱平同志"优秀共产党员"
称号和开展向段爱平同志学习活动的决定 ········ 001

倾心为民写大爱
——段爱平和返底村的故事 ·················· 001

"老百姓选我,说明他们信任我。选上我,我就不能干差了,不能辜负大家的心意。"1999年12月8日,段爱平至今还记得这个日子,这一天她被"赶鸭子上架",成了襄垣县王桥镇返底村村委会主任。

"我啥也不要,不要命不要钱,我要的就是我的老百姓。他们信任我、尊重我,我就满足了。"2013年7月12日,段爱平躺在襄垣县人民医院的病房里,说出了这样的话。

十几年来,这个老百姓眼里的"拼命支书"与返底村到底发生了什么样的故事?

心灵美

"有困难,找老段"
这是村民们常挂在嘴边的话 ……………… 021

段爱平常说,自己是吃百家饭、穿百家衣长大的。她一直记着乡亲们对自己的帮助,所以,她把所有的乡亲们视为亲人。在村民们遇到困难时,她总是尽心尽力帮忙。

境界高

她常说:"活一分钟,
就要为返底村奉献六十秒" ……………… 031

15年来,段爱平为村里的建设花光了百万家财。有一次,儿子借了她2000元钱,她都催着还,因为她要为村办敬老院买建材。在老百姓眼里,她是名副其实的"拼命支书",村民们说:"书记想的永远只有一件事,那就是村里的事。"

敢扛硬

面对病魔,她总是笑着说:
"我不怕死,就怕该做的事没做完" ……………… 039

日复一日的付出,拖垮了段爱平的身子。为她治疗过的一位医生感慨地

目录

说:"一名57岁的癌症晚期患者,日夜忍受失眠、全身疼痛的折磨,却像战车一样往前冲。我不明白,她是从哪里迸发出的原动力?"

有人问段爱平怕不怕死,她总是笑着说:"我不怕死,就怕该做的事没做完。"

作风实

每年为百姓办一件实事
返底村一年一个样 ………………………………… 049

"每年为百姓办一件实事,得到民心的实事。"段爱平不会说漂亮话,这是她上任时向村民们许下的诺言。15年来,一步一步,一点一滴,盖学校、建敬老院、修路种树、通自来水,她年年都有"大手笔",一个贫困的村庄眼看着一年一个样。

干得好

贴工贴钱贴命
她千方百计为村民寻找致富之路 ………………… 059

返底村属于纯农业村,全村700多口人没有挣钱的门路。段爱平千方百计为村民寻找致富之路,发展运输业、养殖业,介绍村民外出打工,调整村里的产业结构……在她的带领和支持下,村民们年人均收入从2000元提高到6000多元。许多村民都说:"过上好日子,全靠段书记。"

"拼命支书"的一天 ……………………………… 067

  2013年10月19日,从早上7点半,到晚上9点半,《山西晚报》的记者跟踪采访了段爱平一整天的工作与生活。一大早,她吃完大把的药,不顾病痛的折磨,从县城的女儿家赶回返底村,然后就是一天的忙碌……直到晚上,才被女儿劝回到县城,到小诊所把液体输上。

以段爱平为镜 ……………………………… 081

与群众心连心相处　为群众实打实办事 ………… 085

中共山西省委关于授予段爱平同志"优秀共产党员"称号和开展向段爱平同志学习活动的决定

2014 年 2 月 27 日

段爱平,女,1956 年 8 月生,2000 年 6 月加入中国共产党。襄垣县王桥镇返底村党支部书记、村委会主任。先后被授予"长治市百佳党支部书记"、"山西省十佳最美村官"和"全国十佳最美村官"等荣誉称号。2014 年 2 月被评为"感动中国"2013 年度人物。

段爱平同志在返底村任职 15 年来,甘于平凡、乐于奉献、勤勉务实、忘我工作,始终把群众的利益放在第一位,脚踏实地践行党的宗旨,模范履行了一名农村基层党员干部的职责。为了村里的发展,她放弃多年经营的事业,毅然回村任职,并把自己积累的百万家产贴补给村里搞建设，为村里修建了小学，盖起了敬老院，自己却还住在多年前的旧窑洞里。她积极引导村民发展养殖、中药材种植和干果经济林产业，垫钱扶持村民搞运输，千方百计输出劳动力，使农民人均纯收入从2000元提高到现在的6000多元，基本实现了人人有活干、家家有钱赚。身患重病后，她不顾个人安危，强忍病痛带领村民完成了自来水入户、村庄绿化、街巷硬化、河道治理等工程。2013年夏天，段爱平病情加重，却坚持冒雨查访灾情，帮助村民搬家避险，自家的窑洞却在大雨中坍塌，自己也晕倒在工作岗位上。

段爱平同志心灵美、境界高、敢扛硬、作风实、干得好，是新时期共产党员的优秀代表，是农村基层党员干部的模范榜样，是践行党的群众路线的先进典型。为表彰先进、弘扬正气，进一步凝聚全省干事创业、共谋发展、为民务实的正能量，省委决定授予段爱平同志"优秀共产党员"称号，并在全省各级党组织和广大党员干部中开展向段爱平同志学习的活动。

学习她情系群众、淡泊名利、公而忘私的奉献精神。要把群众当亲人，始终饱含着对人民群众的深厚感情去工作，坚持不懈为群众办实事、解难事、做好事，为党的事业发展和百姓的幸福安康作出积极贡献。

学习她富不忘本、回报社会、倾心为民的大爱精神。要以人为本，为民利民，忠实践行党的宗旨，先富不忘带后富，尽自己最大的努力帮助群众脱贫致富，改善生产生活条件，建设美好家园。

学习她敢想敢为、苦干实干、艰苦奋斗的拼搏精神。在困难面前坦然乐观，在贫穷面前勇敢面对，坚持科学发展不动摇，发扬优良传统，勇于开拓创新，努力创造无愧于时代、无愧于人民的业绩。

学习她恪守信念、敢于担当、履职尽责的敬业精神。要时刻谨记一名党员的使命，自觉把党的事业作为自己人生价值的不懈追求，"在岗一分钟，尽责六十秒"，在平凡的岗位上做出实实在在的成绩，永葆共产党员的先进性和纯洁性。

当前，在全省开展的党的群众路线教育实践活动中，广大党员干部要以段爱平同志为镜子，对照检查自身存在的问题，看看心灵美不美、境界高不高、敢不敢扛硬、作风实不实、工作干得好不好，推动教育实践活动取得实实在在的效果。全省各级各部门要把组织开展向段爱平同志学习活动作为当前一项重要任务,引导广大党员以段爱平同志为榜样,自觉加强党性修养,增强宗旨观念和服务意识,争做人民群众的贴心人。同时,要积极发现典型、宣传典型,努力营造学先进、赶先进、做先进的良好氛围,为推进山西转型跨越发展作出新的更大的贡献。

倾心为民写大爱

——段爱平和返底村的故事

"我啥也不要,不要命不要钱,我要的就是我的老百姓。他们信任我、尊重我,我就满足了。"

说这段话时,段爱平正躺在襄垣县人民医院的病房里。左鼻孔里插着的氧气管没能给她太大帮助,一下子说出30多个字,她又开始大口大口地喘气,"呼哧、呼哧"的声音在安静的病房里回荡了近1分钟才逐渐平缓下来。

在与她的接触中,这个没念过一天书的"拼命支书"总是能用最直白的语言打动人心,因为这每一个字都发自她的内心深处,铭刻于她的行动之中。

现在,让我们一边听着段爱平的掏心话,一边看看15年来她和返底村的故事。

段爱平在返底村村委会。 周慧/摄

"赶鸭子上架"当了村干部

"老百姓选我,说明他们信任我。选上我,我就不能干差了,不能辜负大家的心意。"

1999年12月8日,段爱平至今还记得这个日子,这一天她被"赶鸭子上架",成了襄垣县王桥镇返底村村委会主任。

那之前的返底村如一个泥沼,表面死气沉沉,内部矛盾重重,10年里走马灯般地换了十几位支书、主任。1999年换届选举前,不少村民动员段爱平参加竞选。

村民们的理由是,段爱平能把自己的穷家搞到这么富,肯定也能把村子搞富。段爱平忙不迭地摇头:"咱哪能当得了啊!不识字,没念过一天书,管自己的家都头大,咋能管好200多户的村子呢?"

村民们又开始拿学校说事:"村里的学校快塌了,娃娃们没处念书,你不当咋办?"这下子,段爱平拍起了胸口:"我最少出5万,给娃娃们修学校,钱不够我可以再出,但是,这村主任我可不当。"

一来二去,村民们还是没说动段爱平。选举的时间到了,那天一大早,段爱平就躲出村子。可是,8点多就有村民打来电话:"两个候选人都不在,你回来给说两句。"段爱平推托再三推不掉,只能与村民们事先约定好:"我可以回去,但还是要在两个候选人当中选村主任。"

拿起话筒,段爱平的手心就开始冒汗,颤颤巍巍说了一句话就落荒而逃。她说:"我肯定要修学校,但肯定不当干部。"

段爱平走后,村民们把写着她名字的木板挂在了墙上。随后的选举中,有超过90%的村民在选票上端端正正地填上了"段爱平"三个字。

选举结束后,大部分村民去了段爱平家,劝她接下担子。段爱平还是坚定地拒绝:"咱大字不识一个,不是党员也不是团员,凭啥当干部?"

劝说与拒绝进行了一个多月,段爱平终于决定干一干试试。"老百姓选我,说明他们信任我。选上我,我就不能干差了,不能辜负大家的心意。"当时的段爱平只有这一个打算,谁知第二年她就被组织吸收入了党,后来又兼任村支书,一干就是15年。

"只要全心全意为大家办事,就能干得时间长。"在县城工作的王爱中说:"十几年来,她为村里的事呕心沥血,为了返底村的老百姓鞠躬尽瘁。所以,这五届选举她的票数都占80%~90%。这真是农村版的'穆桂英挂帅'。"

百万家财都用在村里,自己却患了癌症

"媳妇给你娶了,饥荒(欠债)给你还了,剩下的钱干啥?就给村里干点实事吧。"

同意接下村委会主任的担子后,段爱平召开的第一个会议是"家庭大会"。会上,她对唯一的儿子说出了上面的话。

1998年,为了给儿子办婚事,她四处借钱修了两间新窑洞,加上婚礼的各项支出共欠下5万多元的外债。

为了还债,段爱平拼了。她从本家兄弟那里借了3000元,又从村里雇了辆带拖车的东风卡车做起了焦炭生意。

在儿媳王艳霞的记忆中,那段日子婆婆实在是太辛苦了。"从襄垣到高平,100公里的路,她每天要打两

个来回,每天天不亮就上路,大半夜才回家。在外面,她啥也舍不得吃,最多就是两块钱一碗的饸饹面。"

扣除各项支出,跑一天段爱平能挣七八百元,欠下的债很快就还上了。而且,凭借踏实能干,段爱平很快扩大了自己的生意——她手下的拉煤车增加到四辆。在当选村委会主任前,她已经挣了上百万元。

那次"家庭大会"上,段爱平不但决定要用这百万家财给村里做实事,还决定扔下日进斗金的焦炭生意。"我就剩下两个姑娘了,还怕嫁不出去?"她的想法很简单。

如今,段爱平的百万家财已经用尽。2011年,食道癌转移至淋巴后,她需要烤电消除脖子上的淋巴

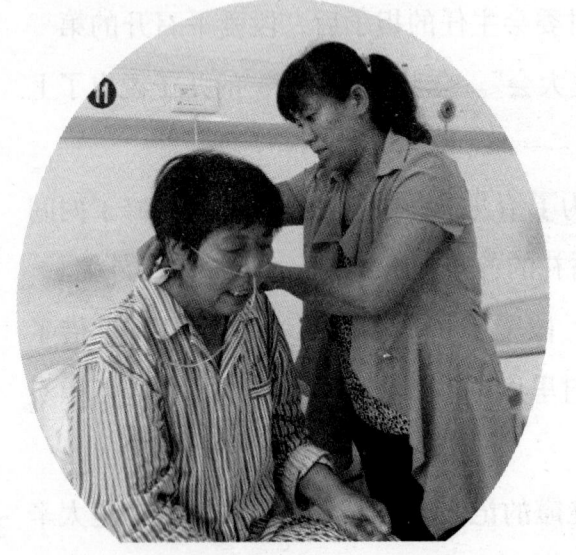

女儿照顾患病的段爱平。　连捷/摄

结。烤电时，大部分人都会涂上一种248元一管的药膏保护皮肤，段爱平却舍不得买，决定硬扛。烤到第20次，段爱平脖子上的皮肤都卷了起来，露出了里面的红肉。40天烤电结束时，被烤的那一大片已经完全没有皮肤，只剩下淌着血的肉。烤伤会伤及内部组织，比普通的烧伤更加严重，需要每天给伤口涂药，防止伤口闭合，这样，有利于分泌物排出，否则伤口里面就会化脓。一个多月的时间里，大女儿刘亚飞每天要给母亲涂两三次药。对她来说，这是一种残酷的折磨："棉棒挨住肉的时候，我都能看见肉在颤抖，那种疼是无法忍受的，我妈却咬着牙哼都不哼一声。她很少哭，我却忍不住，搽一次药哭一次。"

现在，段爱平每天要服用控制癌细胞、治疗胃病、止疼等多种药物，每个月光药费要花2000多元钱。买药的钱由三个子女按月轮流支付，而她自己的生活则全靠每月850元的"村官补助"。

每当有人问她是否后悔当初的决定，段爱平总会露出骄傲的笑容："不后悔，不后悔。这些年我活得可充实呢，这么多老百姓都是我的亲人。我相信，他们一辈子也忘不了我的好。"

为了实现对村民的承诺，上任后她先建学校

"看到娃娃们每天在黑黑的房子里念书，我就很难受，就跟我以前扒在窗户上看人家念书一样。"

为了实现那句不是竞选宣言的竞选宣言，段爱平上任后做的第一件事就是建学校。

由于家里孩子太多，段爱平不到1岁就被亲生父母

原来破败不堪的返底村小学。　　辛培珍/摄

送给了襄垣县公家岭村的一户农民。5岁时,养父母离婚,她跟着养父和奶奶生活。由于家里贫穷,她7岁就开始拾柴卖钱补贴家用,那时候村里同龄的孩子们都已经开始上学了。

拾柴回家的路上,段爱平经常会故意绕上一段路,这样就能路过学校的围墙。运气好的话,她能隐隐地听到围墙里传出来的朗朗的读书声。每当这个时候,她就会轻轻地放下那一大捆柴火,把耳朵贴在墙上仔细地听,直到读书声停下。有时候,段爱平忍不住溜进学校,扒在教室最后面的窗户上偷看几眼。看上一会儿,了了心愿,她才擦干眼泪,背起柴火,一步一挪地回家。

正因为对学校有着别样的情怀,所以当村民们提出要重建学校时,段爱平毫不犹豫地就答应了。那时候,返底村其实已经没有学校,原来的学校是没有一块砖的土窑,因为年久失修成了危房。学校的老师只能将孩子们领回家里或者借用村民闲置的房子上课,一年级在村西,二年级在村东,三年级在坡上……没读过书的段爱平觉得:没有一个好的环境就培养不出优秀的娃娃。所以,她要尽快盖起新学校。

2000年一开春,段爱平就拿出8万元筹备起来。把旧学校拆了,地基提高1.5米,拉来砖请好了施工队。然而,就在学校正式开工前,段爱平生病了。

肚子疼得要命,一吃饭就吐,段爱平还是捂着肚子待在工地。回到家后,她经常疼得在炕上打滚。三个儿女硬把她拉到长治市和平医院检查,这才发现,她的胆管已经被许多小米粒大的结石撑得满满的,需要马上进行手术切除胆管和胆囊。手术前,需要输液消炎三天,可是医生和儿女们好说歹说,段爱平就是不答应住院,

新修的返底村小学里,段爱平和孩子们在一起。　　辛培珍/摄

最后只能让她把消炎药带回家。"白天我还要在工地指挥,晚上回家输液就行了。"段爱平说。当天下午,段爱平又捂着肚子出现在工地上。

第四天一大早,儿女们把母亲送进手术室。在医院住了不到一周,手术缝合的线还没拆,段爱平再一次捂着肚子回到工地。看到这样的情景,很多村民忍不住掉下眼泪,哭着劝她回医院。段爱平强挤出笑容,说:"我一定要看着他们干活才放心,手术做完没以前疼了。"

谁知,手术后第12天去医院拆线时才发现,段爱平的刀口中间有一段没长好,还张着一个小口,是运动量太大造成的。儿子每天拉着她去县城消毒搽药,又过了半个月伤口才开始愈合。

2000年10月28日,新学校剪彩后,段爱平在孩子们的簇拥下走进崭新的教室。这是她44年人生中第一次光明正大地走进教室。那一刻,她再一次因为学校而流泪;不过,这一次,她流下的是幸福的泪水。

她把村民当亲人

"他们一哭,我的心里就像刀割一样难受。没办法,我也不想哭，可看到他们哭我就忍不住。"

"我小时候受的苦太多太多了，我知道这个'苦'可难了。（所以）越是老的没人管的，越是小的没人管的，还有穷得没人管的，我都看得见。"

段爱平受过的苦，很多人想象不到。11岁时，她开始和奶奶相依为命。奶奶太老，段爱平太小，都不能下地出工，没工分就难以维持生计，她们只能靠卖煎饼为生。

每天凌晨4点，奶奶就把段爱平叫醒，让她推磨磨面。一开始，她的力气不够，只能用肩膀扛着磨杆，绕着大石磨一圈一圈地转。天亮时，磨出的面够做煎饼了，段爱平就挑起两个水桶，去三四里外的沟里担水。担完两担水，奶奶已经做好了煎饼，段爱平就背着一筐煎饼，提着一条大麻袋走村串户去卖。

背着一摞摞的煎饼，她却经常会饿得头晕眼花。煎饼是有数的，八个一摞，一摞换一升玉米。每天回家后，奶奶都会用升量一遍，如果玉米少了，段爱平就会受皮肉之苦。奶奶很疼她，可面对生存的压力只能如此。

"好多人看我可怜，会给我一口饭吃。就只有一口，因为都不富裕，吃得多了人家就不够了。还有好心人偶尔给我件旧衣服。我真的是吃百家饭、穿百家衣长大的。"段爱平说。因为这样的经历，她把所有的村民都当做亲人："他们一哭，我的心里就像刀割一样难受。没办法，我也不想哭，可看到他们哭我就忍不住。"

2013年7月，返底村遭遇水灾，段爱平就为了受灾的村民们哭了好几次。从7月9日开始，返底村在10天的时间里降雨量超过320毫米，达到年均降雨量的80%。由于降雨量大而且时间长，许多村民的窑洞出现险情，还有一些村民的房屋因泥石流和山体滑坡而损坏。至19日，全村房屋倒塌的有16户22间，严重损坏的有16户34间，一般损坏的有12户37间。

12日下午，一位老大娘拄着树枝走进段爱平家。一见到段爱平，她就开始号啕大哭："哎呀，老妹妹呀，我的房子塌了。"段爱平的眼泪也一下子涌了出来："说说啥情况？放心，有我住的就有你住的。"两人拉着手、流着泪，哽咽着谈起了房屋受损的情况。在不了解情况的人看来，这分明是一对情深义重的姐妹。

了解情况后，段爱平决定去这位名叫郭花的大娘家看看。郭大娘家住在村子里最高的土梁上,两人互相搀扶着,慢慢往上走。早已被病魔掏空身子的段爱平,走上几百米就要停下来大口喘气,有时候还要弯腰捶捶沉重的小腿。她们走了近 20 分钟,才到了郭大娘家。情况不是特别严重,只是一间用来存放粮食的旧窑洞屋顶有坍塌的危险,郭大娘的家人已经用木头撑了起来。段爱平还是掉下了眼泪,边哭边说一定会安排人帮郭大娘把粮食转移出来。

救灾帐篷搭好,段爱平终于放心了。　　连捷/摄

下山的路更难走,经过一段鹅卵石铺成的下坡路时,段爱平只能侧着身子一小步一小步地往下蹭。一条腿打滑,另一条腿一用劲,就会疼得皱起眉头,但是她的眼中却没有泪水,只有坚强。她只会因为同情和感动流泪,却从不向困难和痛苦低头。

像这样的事情,返底村的每位村民都能讲上好几个。为段爱平做了五年助手的大学生村官王军说:"老段就是这样,热心,做起事来风风火火,谁家有事就往谁家跑,完全不顾自己的身体。"

光顾着四处询问灾情,自家窑洞却塌了

"我早就不把自己家当家了。因为我不只有这些亲人,村里人都是我的亲人。"

自从当上村支书,段爱平就不把自己家当家了。2003年,在太原打工的丈夫被检查出患有肺癌。段爱平去太原陪了丈夫不到一周就返回村里,因为她准备盖一座敬老院,当时正在办手续、批土地。"我爸病了两年,我妈就去看了十来次,每次住一两天就走。"大女儿刘亚飞说,自己当时有点埋怨妈妈。

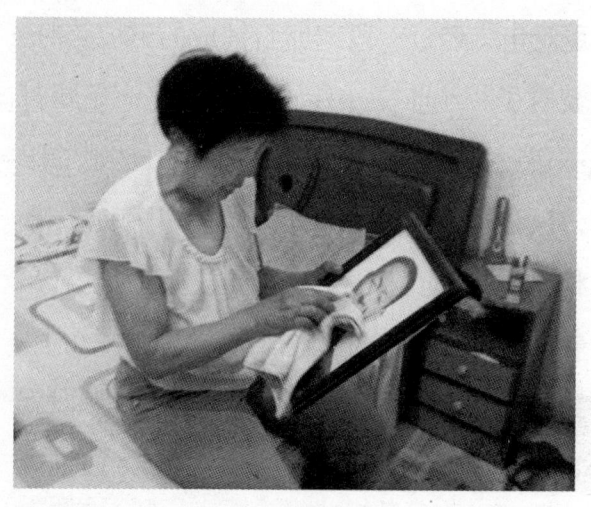
段爱平擦拭丈夫的遗像。　周慧/摄

2005年元旦，敬老院举行了剪彩仪式，段爱平特意找人拍下锣鼓喧天的场面，她想同丈夫分享这一刻的喜悦。第二天，段爱平就带着光盘去了太原。1月16日，丈夫离开人世。弥留之际，丈夫拉着段爱平的手劝她："别干了，我走了没人给你做主，净剩吃苦了！"段爱平表面上点了点头，心里却没有答应。

同样埋怨过段爱平的，还有儿媳王艳霞。"那时候村里一家人儿子结婚，向她借几千元钱，她想都不想就答应了。村里有人买汽车找她借钱，她也借给。有一次我们跟她借钱，要干啥我忘了，反正我们的钱不够，可人家不借给。我当时可火大了，世界上还有这种妈？"不过，王艳霞渐渐理解了婆婆的作为："村里现在搞得不错,人们也都说她不错。我挺理解她的,而且她还有病,咋高兴就让她咋做吧,她能高兴点少生病就行。"

2013年的水灾,事实又一次证明,她确实"不把家当家"。7月13日早晨6点,段爱平就开始一家一家地询问灾情。一直到8点多,她才想起自己家的窑洞也可能出现了险情,随后给大女儿打了电话,让大女儿去城里买些油布盖窑洞顶。中午,大女儿回到娘家才发现,家里的窑洞顶已经陷下去一个4平方米大30多厘米深的大坑。段爱平听说后一点也不着急,直到下午3点多,察看完全村的灾情,她才回到自己家。反倒是听说了情况的村民很着急,忙着过来把窑洞里的东西搬到了院子里。

两天后,段爱平家最东边那间窑洞的外墙已经坍塌,由于地基下沉,紧挨窑洞的六间平房也出现了由底到顶的裂缝。

她没了家,全村都是她的家

"我的家没了,全村都是我的家。"

"我把我的真心一颗一颗给了他们,他们会一颗一颗地还回来。乡亲们很公平，你付出真心，他们也会把真心给你！"

7月13日晚上，已经为救灾忙碌了5天的段爱平坚持不住了，因为呼吸困难被送入襄垣县人民医院。后来，因为屡次在工作中晕厥而且腰背部出现肿块，段爱平又在山西省肿瘤医院住了半个多月。

住院的那段日子，段爱平度日如年，一直惦记着乡亲们。当医院确诊背部的肿块并非癌细胞转移后，她马上决定出院。

段爱平住院的那段日子，乡亲们也一直惦记着她。当段爱平回到返底村的时候，几乎全村人都等在村委会的大门外。"你真的好了？""你真的没事了？"……虽然在电话中已经多次确认，乡亲们还是想让她亲口说出来，他们是真的担心她的身体。得到段爱平的亲口确认，好多人的眼中涌出了泪水。

急匆匆回了"家"，段爱平才开始发愁。自家的窑洞坍塌，平房裂缝，她回了村，却回不了家。

还没等段爱平说出自己的难题，村民韩和平就扛起了她的行李："走，去我家住，房子空着一间，早就给你收拾好了。"旁边的王爱河、杨怀洲等人不乐意了,有的揪住段爱平,有的揪住行李,死活不撒手。"凭啥让老段去你家,我家的房子也准备好了……"段爱平拗不过乡亲们的好意,最终决定轮流在各家住。

这样住了几天,段爱平还是不愿意打搅乡亲们,搬进了村委会办公室。"还是这样好,方便工作。"面对乡亲们诚挚的邀请,她这样婉拒。

乡亲们知道段爱平不方便做饭,就把对她的关心转化到伙食上。每天早晨都会有村民给她端来热腾腾的蒸水蛋,午饭和晚饭则是看段爱平的情况,她不忙就会被乡亲们叫到家里吃,她忙了就给她送过去。

最让段爱平感到温暖的是每天早晨的蒸水蛋。"村里人的鸡蛋都是自家的鸡下的,现在天气冷了,每家的鸡每天也就下两三颗蛋,他们自己都舍不得吃,却每天给我蒸两颗。"段爱平眼里含着泪,脸上却带着开心的笑容:"他们是想给我补补,真心盼着我好哩。"

乡亲们可不是对所有村干部都这样——在段爱平上任前,返底村的支书、村主任大都干不了多长时间就被乡亲们选下去了。为何有这样的差距?没念过书、不懂什么大道理的段爱平曾经给出过答案:"我把我的真心一颗一颗给了他们,他们会一颗一颗地还回来。乡亲们很公平,你付出真心,他们也会把真心给你!"这句朴实至极的话,是段爱平对自己15年工作的总结,更是一位"最美村官"的人格丰碑。

心灵美

"有困难,找老段"
这是村民们常挂在嘴边的话

段爱平常说,自己是吃百家饭、穿百家衣长大的。她一直牢记苦难童年时,好心乡亲们对自己的帮助,所以她把所有的乡亲们都视为亲人。她嫁到返底村后,返底村的乡亲们也就成了她的亲人。"把所有的乡亲们都视为亲人",在段爱平这里绝不是一句口号。村民们遇到困难,她总会尽心尽力帮忙。15年的"村官"做下来,村民们早已习惯了"有困难,找老段"。老段,是大部分村民对段爱平的爱称,其中饱含着村民对她的尊敬与感激。

让我们听一听返底村的几位村民讲讲他们与老段之间的故事。

村民王爱河：
"如果没有老段，我可能早就没了"

1998年，王爱河为了给儿子置办婚礼欠下2万元的债。对于全家收入只靠10亩玉米地的王爱河来说，这2万元无异于天文数字。"那时候，一亩地只能收七八百斤玉米，一斤玉米才卖三毛五，一家人就是不吃不喝也要还十几年啊。"巨额债务几乎压垮了王爱河，她每天晚上都睡不着觉，到了白天没有力气干活，时间长了，她只能一天到晚躺在床上。"很多人都以为我不行了。"王爱河说，"如果没有老段，我可能早就没了。"

2000年，家人带着王爱河去长治市看病，才知道她得了神经官能症。住院时，医院要收2000元押金。2000元，相当于全家一年的总收入，这让一家人一筹莫展：此前欠的2万还没还，这2000元到哪去借？后来，他们想到了刚刚当上村委会主任的段爱平。

王爱河的儿子带着碰运气的想法，回到村里找段爱平。当时，有户村民办丧事，段爱平正帮着忙活。王爱河的儿子见到段爱平后,张了几次嘴,却不好意思说借钱的事。段爱平看出了他的为难,拉着他边往自己家走边问:"是不是你妈看病有啥为难的事?有啥为难事你就说。"王爱河的儿子犹犹豫豫地说想借钱,段爱平比他还着急:"你这孩子,咋不早说?"回了家,带上钱,两个人就往医院赶。

直到2005年,王爱河的病才治好。这几年里,段爱

为了帮助村民,段爱平不顾自己的身体,在沟沟坎坎间忙来忙去。　连捷/摄

平帮了她很多。"那时候,老段家很有钱,有大车也有小车,我看病去了很多医院,她让亚书(段爱平的儿子刘亚书)开着车送我去,她有空的时候也跟着去看看我。亚书不在的时候,知道我女婿也会开车,她就直接把车钥匙给我让我们自己去。"王爱河说,"我住院的时候,地里的农活撂下不少。没等我们找,老段就主动管了,她自己忙村里的事,就让丈夫去帮忙。"

王爱河的病治好后,儿子做了几年矿工,把欠下的2万元债还清了。2009年春天,王爱河揣着2000元钱到段爱平家。"我说要还钱,老段死活不要,说她家比我家宽裕多了,有钱先还别人。我说别人的钱都还了,老段还是不要。"最终,王爱河还是拗不过段爱平,带着钱回家了。

后来,每当家里"有事过不去",王爱河总是第一个想到段爱平。"前年孙女上小学,去年孙子上中学,因为孩子们是农村户口,县城里的学校不乐意收,都是找老段帮的忙。她呀,真是个好人,越穷的越帮,很善良。"说着,王爱河的眼睛湿润了。

村民史秀云：
"要不是为了帮我，老段家的房子不会塌"

2013年7月，返底村遭遇连日暴雨。段爱平忙着安置灾民，直到女儿回家才知道自己家的平房出现裂缝，土窑屋顶坍塌。见到这一幕，村民史秀云内疚地哭了起来："要不是为了帮我，老段家的房子不会塌。"

史秀云与段爱平的故事，还要从史秀云嫁到返底村说起。

返底村的大事小事，就连小伙子大姑娘搞对象、夫妻俩闹离婚这样的事儿，段爱平都操心。史秀云就是经段爱平介绍嫁到返底村的。"嫁过来后，老段一直很关心我，只怕我过不下去。"史秀云说，段爱平知道她家穷，有事都优先照顾她。"她给村里盖敬老院就让我去工地做饭，还给我丈夫介绍工作。"

2009年，史秀云家的土窑成了危房，段爱平把她家人安排到村委会的一间空房里。2012年，段爱平帮她联系，买下了另一户村民的宅基地，又给她拿了4000多元让她修窑洞。眼看着窑洞快修好了，史秀云的丈夫却出了意外：一块石头砸在他的左脚上，五根脚趾都被砸掉了。史秀云带着丈夫在长治市的医院住了4个多月，做了6次手术，最终接活了三根脚趾。

夫妇两人走了，家里修窑洞的事，全落在20岁的儿子身上。每当遇到难题，史秀云的儿子就去找段爱平帮忙。窑洞上瓦时，发现买来的瓦不够，史秀云的儿子又去找段爱平。"你爸还看着病呢，不用再买了，把我家的瓦拉走吧。"那时，段爱平也正准备给自己家的窑洞上瓦，一听说是这事，就让史秀云的儿子先用自己家的瓦。由于工作太忙，段爱平后来再没有顾得上给自己家的窑洞上瓦。结果，她家的土窑没挺过那次暴雨。

2013年9月24日，史秀云家搬进了新窑洞。而段爱平至今仍然无家可归，只能住在办公室里。"如果上了瓦，她家还能成那样吗？"每次提起这件事，史秀云都会内疚地掉眼泪。

村民王改英：
"她就像我闺女一样，啥也帮我"

说起段爱平，69岁的王改英就会一直念叨："她就像我闺女一样，啥也帮我，她的好，三天三夜也说不完。"

18年前，王改英的老伴就去世了。4个儿子都在县城里成了家，想把母亲接过去，王改英却不愿意离开住了一辈子的山沟，一个人在坡上的土窑里生活。从那时起，王改英就成了段爱平重点照顾的对象。段爱平一有

段爱平与村民谈心。　　连捷/摄

空就会去老人家里转转，无论大事小事都会搭把手。

2009年夏天，王改英家的窑洞塌了，段爱平腾出村委会的一间房子安置老人。2013年7月，段爱平家的窑洞塌了以后，也搬到村委会，与王改英成了邻居，这也更方便她照顾老人了。"她虽然比我小几岁，可她的身体还不如我，有那么多病。每天忙完村里的事，还要照顾我……"

2013年10月，段爱平的右肘开始剧烈疼痛，似乎是从骨头里传出来的痛感，连癌症病人专用的止疼药都不管用，经常疼得一宿接着一宿睡不着觉。但是，她还一直坚持照顾王改英。

2014年2月14日，段爱平在太原解放军二六四医院接受右侧尺神经松解前置手术，就是为了治疗右肘的尺神经炎。"老段可不能有事啊！"王改英一直惦记着段爱平的身体。

○各界评价

采访段爱平时,我们是带着质疑的,想要了解她这样无私付出的目的、动机。与她近距离接触后,我的感触很多:现在还有这样的人?如果她继续贩焦炭,现在身家何止百万千万,可现在她却一无所有。只要一心一意对老百姓好,就是好干部。

——中央电视台记者荣欣

听段阿姨做报告时,我和同学们都在偷偷抹眼泪。我们觉得她太不容易了,她就是我们这个时代的雷锋。作为一名大学生,我有时候会感到很迷茫,不知该如何融入社会。听了段阿姨的报告后,我明白不管我们身在任何时代,都有责任努力学习,好在将来回报社会。人活得要有价值!

——山西大学商务学院会计专业大一学生牛奔

段书记太好了,遇到事她总是首先考虑百姓,不考虑自己。社会上如果多一些这样的好书记,老百姓遇到困难就不用发愁了。

——晋城市"诚信还粮"夫妇李继林、刘平贵

2013年10月,段爱平荣获"全国十佳最美村官"称号。 寇宁/摄

境界高

她常说：“活一分钟，就要为返底村奉献六十秒”

电闪雷鸣，大雨如注。仅3个小时不到，返底村的降水量就达到六七十毫米。河渠暴涨，外界通往村里的道路严重受阻。

这是2013年7月的一天，普通到连段爱平自己都记不起具体的日期。这一天，一场暴雨袭击了长治市襄垣县王桥镇返底村。和以前一样，没等到雨停，段爱平就心急如焚地举着断了两根支梁的雨伞出了门，挨家挨户调查受灾情况。

为了返底村，段爱平不顾个人病痛，不惜散尽百万家财。在老百姓眼里，她是名副其实的"拼命支书"。村民们说："书记想的永远只有一件事，那就是村里的事。"

"偷回"女儿放在远处的手机，因为她要给村里打电话

2014年1月28日，段爱平和几个村委会成员扛着村里给贫困户的米面逐户送到家里。走在半路，段爱平突然觉得右手臂钻心的疼。其实，段爱平已经被确诊为右侧尺神经炎，医生建议她马上手术治疗。"不看着老百姓安安稳稳过上年，我咋放心住院治病呢？"不顾医生

段爱平总是亲力亲为。　连捷/摄

的劝阻，年前，段爱平拖着一身疾病的身子赶回村里。

2014年2月17日，坐在病床上的段爱平气色明显好转。见有人进来，大女儿刘亚飞起身想要帮母亲把外衣的扣子系上，却被段爱平"无情"地拒绝了。"我能行，这不是还有左手嘛！"段爱平一边说着，一边努力地用左手将3颗扣子系好。

为了让母亲好好休养，尽快恢复，刘亚飞故意把母亲的手机放在病房的阳台上。可即便如此，段爱平总会趁着上厕所的工夫，把手机"偷"回来，藏在枕头底下。在她心里，返底村就是家,那个家里有她太多的牵挂。

2月16日，长治再次普降大雪。身在医院的段爱平心里盘算着，不知道敬老院门前的雪有没有人扫。段爱平多次向女儿申请，想要给村里打个电话。

"学校和敬老院门前的雪，天黑前一定扫成堆；村头老张的腿疼得厉害，叮嘱他这两天不要出门……"一旁的刘亚飞听着母亲事无巨细地嘱咐着村里的事，也只能帮她掖好打电话时"手舞足蹈"踢掉的被子。

在段爱平看来，返底村的每一件小事都是大事。她说："我是返底村的媳妇，返底村是我家，家里的事就是我这个做媳妇的大事。"

催儿子还钱，
因为她要买修建敬老院的建材

　　1岁被父母送人，5岁养父母离婚，7岁独自拾柴，11岁卖煎饼换钱，段爱平打小就尝尽了人间的悲苦。1998年，她用从本家弟弟处借来的3000元钱做起焦炭生意，生活才逐渐有了起色。没日没夜地跑，两年下来，段爱平赚了上百万元。

　　儿子刘亚书清楚地记得，家里富裕起来之后，他家的院子变得平整，两个妹妹有了自己的房间，大门楼用彩色瓷砖装饰一新，

敬老院里的老人过得很幸福。　辛培珍/摄

成了全村最气派的。刘亚书的小女儿满月,爱热闹的段爱平请全村人来吃孙女的满月宴,流水席红红火火摆了3天,洁白的一次性桌布和杯子,很多人都是第一次见。那样的场面,时至今日,返底村也仅有过一次。

就在段爱平一家的生活逐渐好转时,返底村却还停留在"村无分文"的境地,是个名副其实的穷山村。村里小学的教室是危房,孩子们没有老师上课;没有敬老院,留守的老人没人照顾,病病灾灾无人问津。

1999年,段爱平在没有参加候选的情况下,高票当选为返底村村委会主任。"一个妇道人家能掌握啥局面?""你家日子刚见起色,不要去蹚那摊浑水!""你不是坐地户,谁给你面子!"……不顾亲人朋友反对,段爱平毅然走马上任。上任后,她先后给村里盖了学校、建了敬老院。当时,为了建敬老院,她都没时间陪肺癌晚期的丈夫。

村里"没有分文",财政补贴又不够,段爱平就自己掏腰包往里贴。上任第二年,孩子们搬进新校舍。又过了两年,老人们住进敬老院。后来大家才知道,修建敬老院的钱,竟是段爱平把家里的夏利车卖掉换来的……

作为儿子的刘亚书只知道"我妈的钱都花在村里了",却不知道身为村支书的段爱平到底为村里"搭"进去了多少。

儿媳生产,儿子刘亚书第一次开口向母亲借了2000元钱,说半个月还。让刘亚书没想到的是,第15天一大早,段爱平就跑去向儿子"催款",为此儿子心里"记了仇"。直到很长时间之后,他才知道,当时正值村里修缮敬老院,母亲把钱用在了购买建材上。

听说她要做手术,村民又送鸡蛋又送馒头

段爱平干事风风火火,这是返底村人有目共睹的。村里大小工程,段爱平总是第一个扛起榔头铁锤。面对上百斤的电线杆,她和男人一样,一人一头从村东抬到村西;修学校,她不顾刚刚手术完的伤口,在三伏天里一干就是一整天。"从不会喊累,更不会喊疼!"在村民们眼里,段爱平坚强得像个男人,甚至远超男人。2006年,段爱平被查出患了食道癌,需要手术治疗。为了省钱,段爱平决定去河南进行手术。临行前一晚,段爱平家的院子被村民们挤得满满当当。大家有的拿鸡蛋,有

的抱着一大筐新鲜蔬菜，甚至还有人提着十多个白面馒头……

2013年夏天那场暴雨，毁坏了包括段爱平家在内的二十几户村民的房屋。面对这种情况，段爱平首先安顿村民，等安顿好大家后，她却没了去处，只得只身一人搬进办公室。

2013年10月，在央视参加全国"最美村官"颁奖后，段爱平回到返底村。和她一起去北京参加颁奖的村民王爱河一回到家就收拾包袱，"死皮赖脸"地和段爱平住到了一起。目睹了段爱平在北京颁奖时身体突发不适后，王爱河才知道一心扑在村里工作上的段爱平身体已经非常差，随后便开始义务照顾段爱平的一日三餐。"她一心扑在村里的工作上，其实她自己更需要人照顾！"王爱河说。

由于身患癌症，长期接受治疗，段爱平的皮肤如今变得黝黑而且粗糙，但是在返底村村民的心里，段爱平从来不缺少"美丽"。

○各界评价

村委会主任可能是中国最小的官,段爱平的做法,是把身家性命捆一起,为村民做事。她虽不识几个大字,胸中却有大义、大理。

——"感动中国"推委、传媒研究专家陆小华

段书记没啥文化,身体不好,却一直想着别人,想着村子,这种大爱精神值得弘扬。她是真的很了不起,我对她很钦佩,也要向她学习。我即将参加维和任务,为了祖国和人民的利益,我会克服困难,圆满完成任务!

——第16批赴利比里亚维和医疗分队重症监护组组长杨变转

段爱平个人富起来后,没有贪图享受,一心带领群众谋幸福,她的这种精神值得我们所有的基层干部学习。段阿姨,您一定要保重身体,老百姓需要您,我们需要您!

——运城市盐湖区槐树凹居委会村委委员张娟

敢扛硬

面对病魔,她总是笑着说:
"我不怕死,
就怕该做的事没做完"

2014年2月,病床上的段爱平,迎来了15年来"最好活"的时候。右胳膊上的尺神经刚刚做了手术,去了病根,不再疼得满床打滚了;胳膊利索,吃饭穿衣这样的琐事,也不用再劳烦别人帮忙了;两年前就转移到淋巴的食道癌,经过化疗,癌细胞已经被压制住,胃里反酸、恶心、拉肚子的症状也明显缓解了。

而最让老段欣慰的,经过报纸、电视的报道,她得到了越来越多的理解和支持。这对一名癌症晚期患者来说弥足珍贵,"过去干工作不被理解,气都憋在心里,拧成了疙瘩,现在心宽了。"

医护人员的敬佩：
有精神力量支撑，敢和死神叫板

曾给段爱平诊治过的省肿瘤医院消化科医生张明刚，习惯用"战车"来形容段爱平："一名57岁的癌症晚期患者，日夜忍受失眠、全身疼痛的折磨，却像战车一样往前冲。我不明白，她是从哪里迸发出的原动力？"张明刚的话得到了解放军二六四医院多名医护人员的认同。

病床上的段爱平依然很乐观。　寇宁/摄

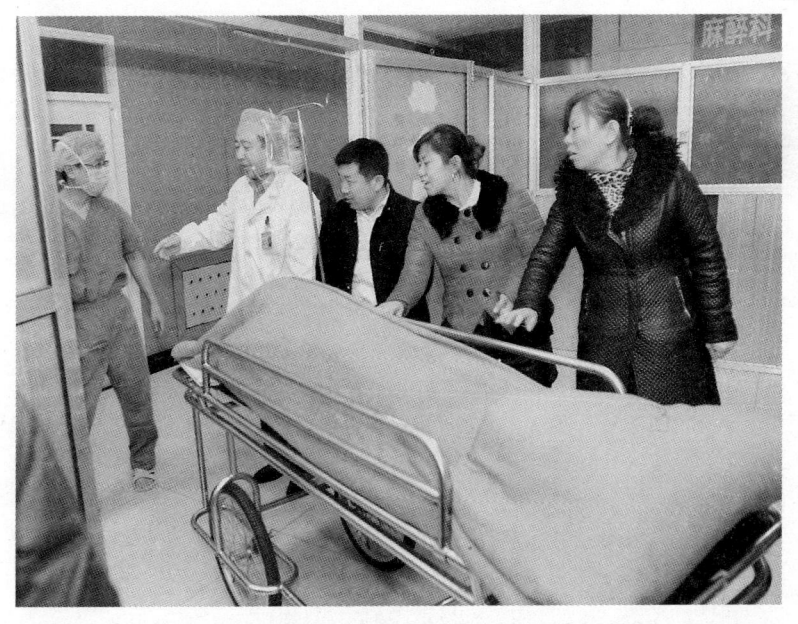

段爱平又一次被推出手术室，儿女们很担心她的身体。　　寇宁/摄

该院肿瘤中心主任吴铁鹰曾感叹，接触过的癌症病人成百上千，段爱平是很另类的一个，"一般的癌症晚期病人，多数凄凄惨惨，心事很重，而她完全相反。你憋了一肚子话想去安慰她，到了跟前，反而被她安慰。她的感染力很强"。

2014年2月17日上午，二六四医院骨科病房，手术后的段爱平半靠在病床上输液，脸色苍白。常年服用抗癌药物，与癌细胞斗争，让她的身体像一块战后的贫

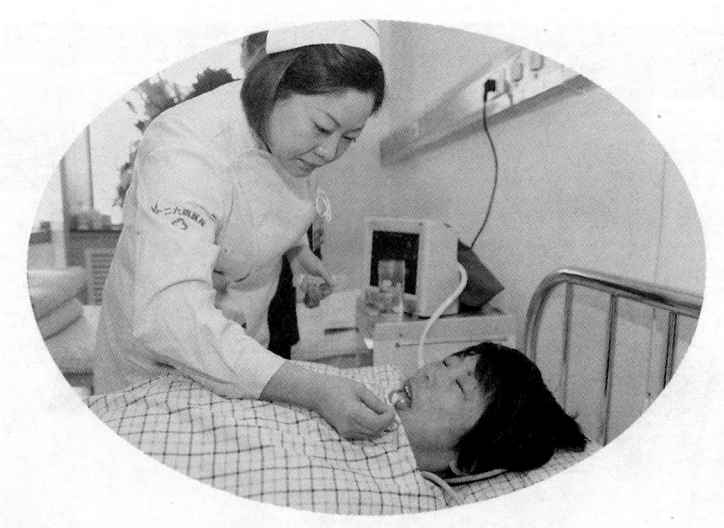

手术后,护士照顾段爱平。 寇宁/摄

瘠土地,难以抵抗来自外界的风吹草动。长期的放疗在她身上留下块块焦灼的疤痕,全身难见一处好血管,液体只能勉强扎到脚上。这可"解放"了老段:右胳膊术后打了绷带,她用左手接打电话,远程指挥着村里的事。

病房里的年轻护士一开始都不太愿意给段爱平扎针。一是因为她当选"感动中国"人物以后,成了家喻户晓的名人,怕有闪失担待不起;二是因为她的血管上全是瘀青,实在是太难扎了。但段爱平笑着鼓励护士们:"多扎几次总能行,不要怕!我刀都挨了几回了,这针头和挠痒一样。"渐渐的,护士们爱往她跟前凑了。"跟她聊天,觉得自己也有了精神。"护士小李说。

而段爱平的治疗效果,无疑是抗癌界的一个神话。2006年,段爱平查出食道癌中期。医生建议,如果做切除手术,或许可以活两三年。2011年,她体内的癌细胞转移至淋巴。省内某三甲医院肿瘤科医生诊断,配合放化疗,最多只能维持一年半载。而现在,已是2014年,老段依然奋斗在这片她深爱的土地上。

吴铁鹰分析,之所以有这样好的结果,一方面是这些年治疗得当;另一方面,段爱平良好的心态和强大的精神力量也是一剂良药。"坊间有种说法,一半癌症病人是被吓死的。可段爱平遇上癌症,非但不怕,还昂首阔步要把癌症咬碎,治疗效果能不好吗?"

子女的埋怨与心疼:
亲娘铁了心要给公家贴钱贴命

如果说,此时的段爱平在别人眼中绽放着光彩,令人心生崇敬的话,在儿女们看来,这份荣耀来得太辛酸,抵不过这些年他们对母亲的怨愤和心疼。"别人爱她、敬她，可在我们这几个子女心里，对她总有一种说不出的埋怨和担心。"病房里，段爱平38岁的大儿子刘亚书说出了心里话。

刘亚书永远不会忘记2006年秋的那个夜晚，围着家里的炕炉，3个子女齐刷刷给母亲下跪。他们抱着段爱平的腿痛哭，央求她去做食道癌手术，"我们兄妹3个哭得泪流满面，说已经死了爹，不能再没有妈。我们让她别干村支书了，好好管管自己，也顾顾这个家"。

子女们的哀求，段爱平只答应了一半——做手术。听说省里、市里做个食道癌手术少说也得七八万元，"抠门儿"的段爱平犹豫了。最后，她去了河南一家

隔壁的病友听说段爱平的事迹后主动来给她按摩。　寇宁/摄

县级医院，花了7000多元，切除了半截食管。术后第5天，还没有拆线的段爱平不顾儿女阻拦，返回村子，为村里的大小事奔忙。她这种要公家不要小家，要工作不要命的做法，深深"伤害"了子女们。"有一阵子，为了治住她，我们兄妹三个都不理她，不跟她说话。"刘亚书说。

在医院幽暗的楼道里，刘亚书开始抹眼泪："话说回来，她终究是我亲妈。我们是心疼她的身体，法子都用尽了，你看，最终还是没拗过她。"

段爱平的坦然：
死神要来的时候谁也挡不住

关于段爱平到底怕不怕死的问题，很多人问了无数次。老段总会笑着摇头，说："我不怕死，就怕该做的事没做完。"但是为什么不怕，她也说不上来。

问她知不知道癌症有多厉害，她说，知道。段爱平是返底村第一个食道癌患者。过去，村里有人得了胃癌、肺癌，不到两年人就没了。问她既然知道，为什么还要拼命。她说："我一个烂老婆家，一字不识，有啥能耐？村民们选上了你，就是把心交给了你。你说你干不成了，那能行吗？"寥寥数语，说出了支撑她抗击病魔的精神支柱。

因为食道中段被切除，段爱平的晚饭时间必须精准到下午6点。这样，她就有望在饭后5个小时，也就是夜里11点钟入睡。一旦晚饭推迟又提前入睡，吃到胃里的食物会倒流上来，引起恶心、呕吐。近半年来，类风湿病引起的全身关节疼痛和右臂尺神经疼痛日夜折磨着她。儿女们搬出去住以后，段爱平的家几乎成了药铺子，各种各样的止痛药和止泻药、抗癌药堆满了柜子。

对于死神来临，段爱平说她深有体会。2012年冬天的一个深夜，段爱平在睡梦中被一阵窒息憋醒。为了调整呼吸，慌忙中的她跌到床下。"像被人掐住喉咙一样，喘不上气，脑子里一片空白。"求生的本能让她使劲用双拳捶打胸口，大汗淋漓。"不知过了多久，喉咙里冒出了像开门一样的'吱吱'声，感觉有气往上冒，知道自己没有死，活过来了。"那一夜，段爱平没有睡。她怕睡过去就再也醒不来了，她抱起被子，靠在床上放声大哭。

"我那时想,人活一辈子真是简单啊,说走就走了。"

几年来,癌症引起的肺部感染、类风湿病、肌肉萎缩、食欲减退等并发症,在段爱平身上轮番"轰炸",摁下葫芦浮起瓢,连她自己也分不清病因了。在无数个与病魔抗争的日子里,段爱平想到过死,"因为这些年活得太累了。身体累,心也累,真想好好歇歇了"。而那一次,段爱平意识到,死神原来离她那么近,也许就在隔壁,要来的时候,推门就来,谁也挡不住。"可是,返底村还没富起来",终究成了她放不下的心病。

向死而生,倾力奋斗,不留遗憾。段爱平说,余生想尽量这样度过。

○各界评价

　　我看过段书记脖子上的伤口，真的很让人揪心。她不顾自己的身体，一心为了建设返底村，让我很钦佩。如果每个人都像段书记这样，多为别人着想，我们每个人都会活得更幸福。作为一名教师，我会向段书记学习，对我的学生投入更多的责任心和爱心，对他们加强世界观、人生观、价值观的引导，把正能量传递给每一个学生。

　　　　　　　　　　　　——山西大学商务学院教师崔利萍

　　段书记的事迹，为我们展示了人活着的真谛和意义，让我明白了特别能忍耐、特别能吃苦、特别能奉献、特别能战斗的真正含义。作为一名即将离开祖国执行任务的军人，我一定会把段书记的精神融入工作和生活中，从点滴做起，向她学习。

　　　　　　——第16批赴利比里亚维和医疗分队护理组组长王萍

　　段支书很少在人们面前表现自己的病痛，除非疼得特别厉害。在我们这些健康人看来，觉得她身患癌症和多种病痛还这样工作，简直有点不可思议。希望她今后别这么拼命了，多顾惜一点自己的身体。

　　　　　　　　　——长治市襄垣县王桥镇大学生村官李剑

每年为百姓办一件实事
返底村一年一个样

"每年为百姓办一件实事,得到民心的实事。"1999年底,段爱平被村民推举担任村委会主任,没上过学不会说漂亮话,她就对支持她的村民作出了这样的承诺。至今,15个年头过去,毫无虚言。

15年来,段爱平为村民做了很多实事。　周慧/摄

2000 年

"村里的学校是 20 世纪五六十年代建的几间土坯房,都快塌了,孩子们只能在村民家里上课。"2000 年,建学校成为刚刚上任的段爱平做的第一件实事。

当年 8 月开始,段爱平自掏腰包,并与村民们一起在工地上搬砖、砌墙,11 间砖瓦校舍在原址建了起来。自从学校建好后,村里已经走出了五六个大学生。

2001 年

由于返底村每户抄的电表用电量与村里的总表总是对不上,截至 2001 年,全村共欠供电所近 1.4 万元电费。

2001 年冬天,段爱平自己出钱把供电所的欠账还上,开始与村民一起改造农网。年末,农网改造顺利结束,农网划归供电所管理。从那以后,村里再没有因为欠费停过电。

2002—2003 年

此前,返底村的农作物主要是玉米、小麦,因产量不算高，大部分是自留粮，卖得很少。段爱平开始琢磨，怎么能在土地上做文章，让老百姓致富。

2002年，段爱平号召村民种板蓝根等药材。在玉米长到快半米高的时候，便在两排玉米中间的土地上插种板蓝根等，有近200亩。后因为药材根深，人工太难刨，种了两年后停止。

2003年，段爱平又拉回一笔红薯投资。"当时，太原的一家企业要在返底村投资种红薯，返底村为其提供流转土地和劳动力。"段爱平说，一年下来，村民们不仅从流转的土地上挣了钱，有的人还为投资方打工种红薯挣上了工资，每人能增收好几千元。

2004年

"村里没有孩子的孤寡老人很可怜，家里黑洞洞的，衣服没人洗，脏兮兮的。"吃百家饭长大的段爱平看在眼里，心里很不是滋味儿。她决心给老人们盖一所敬老院。

"当时，民政局给拨了5万元，我自己又贴了五六万。开春后，项目就开工，足足修了近一年。"新建的敬老院整整两排，几百平方米。十几位老人便住了进来，有专人照看，并由段爱平承担敬老院的日常开销。在敬老院修好 16 天后，段爱平的老伴因肺癌去世。没能照顾好老伴，成了她一辈子的遗憾。

2005 年

2005 年开春，段爱平下定决心改造田间道路。"修路用的都是机械化设备，挖掘机、铲车。"为了修好路，段爱平整日盯在施工第一线，监督工程质量和进度。

如今，原来不足一米宽的田间土路焕然一新，变成了四五米宽的水泥路，总长度加起来足足有 40 里。"现在种地可以用农机了。"段爱平笑着说。

2006 年

2006 年，政府推行"退耕还林"政策，返底村也有指标。"退耕还林每年享受国家补贴，种的树还能卖钱。但村民们都不愿意退耕，担心没地种，就没了饭吃。"段爱平说。

为了说服村民，段爱平将自家的 20 亩地拿了出来，让给退耕的村民耕种。2006、2007 两年，返底村一共退

段爱平指挥泄洪渠工程建设。 连捷/摄

耕210多亩地。如今，当初种的树木均已成材、成林，退耕农民的心也踏实了。

2007—2008 年

因为原先建的敬老院位置偏僻，老人们想进村走走很不方便，村里人照顾老人也不方便。2007年，段爱平决心将敬老院迁回村里。

迁到什么地方合适呢？那时，位居村中心的学校已经改为三年制，四五年级的学生去镇里上学，因此，不少教室空了出来。段爱平跟大家商量：2007年先重修个学校，把旧学校腾出来，2008年再把学校旧址改建为敬老院。方案定下，段爱平先到民政局跑重建敬老院的费用，又将旧敬老院8万元钱卖给村民，自己又贴了三四万，把这件事办成了。

2009 年

返底村癌症发病率比较高，会不会是喝的水源有了污染？2009年之前，村里家家户户都靠挖浅水井吃水，段爱平一直想改变这一状况。2009年，段爱平联系好自来水项目。

挖坑、埋管……段爱平一直在第一线，返底村也成了周边第一个喝上自来水的村。

2010 年

电磁炉用不起来，电视有时都看不了……农网改造后，村民的家里不停电了，但电压不稳的问题却日益突出，村民们的一些家用电器很多难以使用。

为了帮村民解决这个问题，段爱平多次跑电业局，终于确定了增加变压器的项目。当年正月十五刚过，项目开始施工。返底村又成为附近唯一拥有两台变压器的村。

2011 年

街巷通，是国家的一项政策，也是 2011 年段爱平为返底村办的一件大事，她不仅做到了，而且还提前实现了户户通。

村里的道路全部硬化了，段爱平高兴地说："我这人一辈子不欠别人钱，整个工程下来，我贴了几万，不欠工程队一分钱。"

2012 年

返底村里没有路灯,村民们晚上出门不方便。2012年,段爱平组织安路灯,但路灯安在哪儿,她有自己的想法。"很多村都把路灯安在马路两边,这样看起来漂亮,而我不是。"段爱平的做法是:将路灯按每几户一盏灯的分法,哪里需要往哪里安。"就连犄角旮旯都能照到。"

2013 年

返底村沿山而建,山下是河道。一下大雨,雨水就从山上汇集到河道中,水位猛涨,威胁河边居住的村民。虽然自1996年后,返底村已经十多年没遇过大雨,段爱平仍然决定要重修河道,筑牢堤坝。她用一年多的时间,先后跑交通局、财政局。2013年5月,长约1700米的河道终于被疏通、挖深、拓宽,还有400多米的河堤用碎石重新垒了一遍。"似乎是老天要检验这项工程一般",段爱平说,没几天,一场大雨突降,幸好河道疏通,河堤牢固,河边的100多户居民安然无恙。

段爱平说,经历了2013年的这场大雨,返底村就

"再也不怕水了"。而村民则直夸:"段书记救了半个返底村。"

2014 年的打算

2014 年到了,段爱平会为村里做些什么?"希望能有个企业来返底村投资,让村里 400 名劳动力有个干的,我就死而无憾了。"她躺在病床上说。

○各界评价

段书记在基层工作，为村里做的都是一件又一件实事，而不是喊口号。希望通过媒体的宣传，让大家都向她学习。如果人人都做到段书记那样，我们的"中国梦"就会更有希望！

——深圳市罗湖区戏剧家协会主席、一级导演梅玉文

为了商谈返底村进行中药材种植的事，我和段书记接触了好多次。开始，是她带着村里一个70多岁的老人，主动找到我们要进行种植合作。后来，我们去村里考察的时候，她身体不好，走两步就气也喘腿也疼，却坚持带着我们山上山下跑。能感觉出来，她确实是想帮助百姓发展，是一心一意要带动村民致富。我们也想帮她完成心愿。

——长治市襄垣县亚梁中药材种植专业合作社负责人桑耀文

段大姐，您所做的一切都记在了老百姓的心里，记在了我们的心里。您用实际行动给我们上了生动的一课，我们一定会向您学习。您一定要保重自己，有个好身体才能更好地为老百姓服务，才能最大限度地贡献光和热！

——运城市盐湖区河东西街社区主任雷茜

干得好

贴工贴钱贴命
她千方百计为村民
寻找致富之路

返底村地处山区,资源匮乏,属于纯农业村。全村214户人家、700多口人没有挣钱的门路,始终挣扎在贫困线上。1999年底,段爱平就任返底村村委会主任后,千方百计为村民寻找致富之路。在段爱平的带领下,村民年人均纯收入由1999年的2000元提高到如今的6000多元,创造了太行山深处的新奇迹。

提及段爱平带领村民致富的事,村民们能讲很多很多……

"过上好日子,全靠段书记"

村民崔艳刚说,自己能过上现在的好日子,全靠段书记的帮助。

2003年,是崔艳刚记忆最深的一年。那一年,刚刚二十出头的他失去了双亲,与弟弟相依为命。失去双亲,带来的不只是精神上的打击,还有经济的窘迫。此前,家里的十几亩玉米地都靠父母耕种,兄弟俩都没有耕作经验,逐渐面临衣食无着的困境。段爱平经常给他们送钱送物。

看到他们实在干不了农活,段爱平想到了自己发家致富的方法——养车跑运输。但是,崔艳刚家拿不出一分钱,怎么养车?为了解决启动资金的问题,段爱平去

段爱平带头种植经济林。 辛培珍/摄

信用社跑了一趟又一趟，帮他们贷了2万元，又借给他们1万元。有了3万元资金，崔艳刚兄弟俩买了一辆农用四轮车，为工地拉石头、运水泥，生活逐渐富裕起来。后来，他们把农用车换成了大货车，日子过得越来越好，现在已经住上了县里的楼房。

除了崔艳刚兄弟，段爱平还帮助很多村民贷款，发展运输业。在她的支持下，目前全村有十几户都买了大货车跑运输。

提起段爱平的帮助，村民路双兵同样感激至深。

5年前，段爱平看到他家庭困难，建议他搞养殖业。看到路双兵犹犹豫豫的样子，段爱平急了："你就说你敢不敢干吧！其他的事情我来解决。"路双兵终于下定了决心。随后，段爱平帮他跑贷款，跑手续，贷款不够，她自己当时也没有多少钱，就帮着路双兵借了一部分。当年，只有20头猪的养殖场办了起来。慢慢地，养殖场的猪增加到100多头。后来，对市场动向很敏锐的段爱平发现养羊的收益很高，又建议路双兵养羊。现在，路双兵的羊已发展到200多只。在返底村，很多养殖户得到过段爱平同样的帮助。

目前，全村规模养殖 50 头以上的养猪户有 4 户，150 只以上的养羊户有 10 余户。

调整产业结构，她敢想敢干

除了支持村民发展运输业、养殖业，段爱平还一直在调整返底村产业结构上想办法。

听说离村子不远的潞宝公司要招工，段爱平立刻动用自己从前做焦炭生意时的关系，找到公司负责人，请求帮忙安置村里的青壮年劳力。通过她的努力，有 50 多名村民挣上了工资。该公司后来又招人时，段爱平又托关系解决了 150 多人。段爱平的外甥王广松在太原有两个工程队，她也把村里的三四十人介绍过去，还一再安顿外甥这是自己人，要给派些挣钱多的活儿。

为了调整村里的种植结构，段爱平多次跑省农科院，四处找企业，联系农作物经纪人。2004 年，她带领村民在村里试验种植了板蓝根、柴胡各 100 亩；2005 年，她成片规划种植红薯 219 亩，试行订单农业；2006 年，她引进脱毒马铃薯项目；2010 年，她组织全村种植干果经济林 400 亩，并发展养殖业；2012 年，她带领村民种植核桃树50多亩，并把村里闲置的宅基地进行了复垦，种上经济树木；2013年，她带领村民种植了30多亩中药材；2014年，她计划新增加中草药材种植500亩……

王桥镇党委书记刘立斌总结说，返底村是纯农业村，除了发展种植、养殖业，段爱平带领村民致富主要靠输送外出务工人员和发展运输业。全村700多口人中，她帮助200多名青壮年找到外出务工的门路，平均每户有一人在外务工，年收入4万多元；而十几户养大货车跑运输的农户，平均年收入达到20余万元。加上种植、养

在段爱平的支持下，很多村民开始发展养殖业。　　李联军/摄

殖业的收入，村民的生活比以前好了很多。

村民们也纷纷夸赞段爱平：她虽然没啥文化，可她脑子灵活，想法很多，而且敢想敢干。最重要的是，她始终把村里的事当做天大的事，只要是为乡亲们好、对村子好的事，她总是尽心尽责。

这15年，段爱平把自己贩焦炭挣下的百万家财全部投入村庄建设和帮助村民致富中。现在，她已是一贫如洗，而返底村却日益富裕起来。

○各界评价

很多中国乡村的变化，成就在基层村干部的手里，段爱平就是这样一位村干部。这个嫁过来的媳妇，把自己当成了返底村的女儿，扛起了返底村的希望，她就是返底村的底气，她兜住了人心的底。

——"感动中国"推委、著名文化学者于丹

段爱平同志大公无私、乐于奉献，这些年来她为了农村的经济发展鞠躬尽瘁，做出了榜样。在当前第二批党的群众路线教育实践活动中，我们要以段爱平同志为典型，教育全市广大党员干部，对照段爱平同志照镜子，找差距，像她一样全心全意为人民服务，在全市新一轮转型跨越发展中奋发向上。

——长治市委书记马天荣

作为襄垣县基层干部的优秀代表，段爱平同志15年如一日，坚守乡村，服务群众，无私奉献，深得群众的信赖和拥护。向她学习，绝不仅仅是做几件事那么简单，而是要学习她感人的精神实质，将她作为对照学习的典范。

——襄垣县委书记田志明

2014年2月，段爱平荣获"感动中国"2013年度人物。组委会授予段爱平的颁奖辞是：山梁挡住了阳光，你用肩膀扛起乡亲的盼望。没有惊天动地，总是一点一滴，村庄在渐渐丰满，你的身体却慢慢柔弱。庄稼总要把一切还给泥土，你贴工、贴钱、贴命，你还贴近百姓的心。　张杨/摄

"拼命支书"的一天

2013年10月19日　星期六

07:30

上午7点半,大雾笼罩下的襄垣县城还没有完全苏醒,路上的行人车辆都很少。记者乘坐的汽车在大雾中往前挪动,偶有一辆电动自行车从后面超过去,往前行驶20多米就已经被完全吞没。

记者此行的目的地,是县城段爱平小女儿刘亚云的家。为了记录这位"拼命支书"一天的工作与生活,记者再次来到襄垣探访,但与段爱平联系后才知道她又病了,10月18日下午去县医院看病,然后被小女儿强留下来。

这一天,就从刘亚云的家里开始。

07:57

段爱平正在卫生间洗漱,客厅里的手机响了起来。她急匆匆地往出走,手里还拿着毛巾,边走边擦脸上的水珠。

接通电话,段爱平听了几句就说:"你别着急,先让他们干着,我马上回去。"放下电话,她丢下毛巾来到餐桌旁坐下。女儿刘亚云知道她性子急,早早就把一小碗西葫芦腌制的小菜和一大碗玉米面疙瘩汤摆在了桌子

段爱平熟悉返底村的一草一木。　连捷/摄

上。段爱平端起疙瘩汤就呼噜呼噜往嘴里倒，一口气喝了小半碗。不到8分钟的时间，她的早饭就匆匆结束了。

放下碗筷，段爱平直奔门口，刘亚云连忙一把揪住她说："妈，还没吃药呢。"段爱平只好回到茶几旁，翻出一个个药盒、药瓶，边数边把药片倒在手心里。很快，各种颜色、不同大小的药片在她手心里堆了一小堆。然后，她把药片都塞进嘴里，仰起脖子喝了两口水，急匆匆地出了门。

08:23

"幸好你们来了，要不然我还得去坐公交车。平时从县城到村里差不多需要一个小时，这雾大的，坐公交车回村都不知道啥时候了。"段爱平说。

汽车在大雾中缓慢前行的时候，记者开始询问段爱平的病情。

前几天，段爱平就觉得右胳膊有痛感，但她早已经习惯了浑身上下的病痛，能忍住就忍着。直到三天前，痛感加剧，连止疼药都止不住疼，她又咬牙硬挨了两天，实在忍不住了才决定去医院看看。"主要是睡不着觉，连续两个晚上没合眼,熬不住了。"段爱平笑着说:"昨天医生给开了药,终于好好睡了一觉。"

经检查,医生确诊段爱平得了带状疱疹,病因是潮湿、过度劳累。潮湿是因为前几天下了大雨,她暂住的村委会办公室条件太差。过度劳累,对"拼命支书"来说则是家常便饭。

09:05

快到返底村时,太阳出来了,大雾迅速消散。车停在村委会大门外,段爱平却没有进去,直奔东边的一片建筑工地。

那里,有7户村民正在盖房子,红砖已经砌起了两米多高。这7户居民的房子因7月份的暴雨而坍塌,段爱平从县里给他们争取到一些资金,并拿出自己得到的捐款,帮助他们盖新房。此前给段爱平打电话的村民麻会清就是其中之一,因为家里穷,施工队要工钱时,他第一个想到的就是求老段(村民对段爱平的称呼)帮忙。

还没走到工地,一位叫郭先英的村民看见了段爱平。她紧走两步,拉着段爱平的双手,开始询问病情。听到是带状疱疹，与癌症无关，郭先英才放下心来。段爱平急着去看麻会清，连忙告别。郭先英一再叮嘱她注意安全，还一再邀请她中午去自己家吃饭。直到段爱平点头，郭先英才松开她的手。

09:18

工地旁的沙堆边，麻会清正蹲着闷头抽烟。看到段爱平过来，他连忙站起来迎上去。

段爱平从包里拿出一沓钱塞到麻会清手里，说：

村民郭先英关心地询问段爱平的病情。　周慧／摄

"这两千你先给了工人,其他的我再想办法。工可不能停,眼看就入冬了,房子盖不好你可咋办呀。"麻会清把钱放入口袋,搓着手,脸憋得通红,好不容易挤出一句:"老段,俺不会说话,反正心里感谢你!"段爱平急忙接住话茬:"你这孩子,说这话干啥。"

返回村委会的时候,段爱平向记者介绍了麻会清家的情况。他的父亲三四年前患了膀胱癌,母亲有糖尿病,他自己的听力不太好,还要供两个女儿上学,日子过得紧巴巴的。为了帮他买建材,段爱平已经资助了5000元,加上今天给的已经7000元了,但还是差很多。段爱平准备过两天再去镇里、县里帮他想想办法。

09:32

回到段爱平临时的"家",记者才知道这间办公室条件有多简陋。

北面的后墙上,能看见一大团水浸的痕迹,有的地方已经掉了墙皮。用手按一按,手上都能留下淡淡的水痕。床上的褥子也一样潮湿,似乎用些力气就能挤出水来。

段爱平贴宣传画。　周慧/摄

记者劝段爱平就住在女儿家，她一个劲儿地摇头："住在城里不方便，村里的事多着呢。"

正说着话，大学生村官王军抱着一个大纸筒走了进来，纸筒里是两张宣传画，镇里要求贴在显眼的位置。王军说，自己与会计路小兵去贴就行，让段爱平歇歇。她却说自己放心不下，怕他们贴歪了，或摔着了。

一会儿在远处看高低，一会儿到近处扶凳子、递锤子，作为帮手的段爱平似乎比凳子上的两个人都忙，着急了，恨不得自己爬到凳子上干活。

10:07

贴完宣传画,已经有村民在村委会等着段爱平。

他叫郭振明,他家的6亩多玉米种得稠了,想借用村里的秸秆还田机帮忙。路小兵知道段爱平的急脾气,二话没说,扭头就出去开拖拉机,段爱平则跟着郭振明去了地里。

快到地头时,有一段土路积着前几天下过的雨水,

段爱平指挥路小兵干活。　周慧/摄

有村民在水坑里垫了几块石头。记者清楚段爱平的身体状况，劝她不要过去了。她不答应，用脚尖试试石头的稳固程度，然后就踏了上去。走过这段"梅花桩"，段爱平大口喘着气，脸色也有些发白，因为癌症晚期带来的类风湿病，她走平路都很难受，更别说这泥泞坑洼的路了。

路小兵已经开着拖拉机开始干活了，闲不住的段爱平很快又发现了新的工作：这一片是梯田，有一排秸秆还没有清理，因为它们紧挨着梯田的边，拖拉机开不过去。她过去把秸秆一棵棵地踩倒，拽出来。有一棵秸秆上还有一个拳头大的玉米棒子，她发现后紧紧地攥在手里。"乡亲们种地不容易，再小也是一年辛苦换来的。"段爱平说。

12:21

从地里回来，已经到了吃饭时间，郭先英打电话催了好几回。

午饭很简单：豆角、土豆、粉条拌的抿铬饸和一大碗西红柿调和饭。段爱平还是老样子，端起碗来大口大口地往嘴里塞。

郭先英忍不住开始唠叨："她呀，就是个闲不住的命,不管大事小事都瞎操心。别人谈对象、闹离婚,你说这些事跟她这支书有关系吗?她也操心。眼看着她这身体越来越不行了,唉!"段爱平使劲把一口面咽了进去,接过话茬说:"我就是想让大家都高高兴兴、和和美美的。"

吃过饭,她靠在沙发上,一边与郭先英聊天,一边用力捶着酸痛的腰腿,这是段爱平难得的一段休息时间。

13:19

从郭先英家到村委会只有不到30米的距离,路上又遇到了村民路安梅。路安梅患有心脏病、高血压,家里很困难,想让段爱平帮忙争取个低保指标。段爱平连忙说,已经上过会了,她下星期一就去办。

回到办公室,段爱平又开始数药片,还没等把药喝下去,又有人找上门来。来的人叫韩秀芬,住在县城,父亲要办事,她回来盖一个村委会的章。

段爱平边拉开抽屉找公章,边念叨:"这么点小事,你找个人捎回来就行了,瞎跑啥……"

韩秀芬骑着自行车刚走,段爱平的大女儿刘亚飞就开着微型面包车来了。下车后，刘亚飞从车里拿出一个半新的电暖气。看到这玩意，段爱平急了："你带这来干啥，听说很费电，我可用不起。"在女儿和记者的劝说下，段爱平才把电暖气留了下来。

13:31

一位村干部带着一张大红纸进来，纸上写着灾民救助名单。村干部走后，段爱平叫来王军检查里面有没有问题。她虽然不识字，却马上发现了问题：光有人名，没有救助的钱数。王军补上钱数，两个人又核对了两遍，才出去张贴。

此时，记者才注意到段爱平拿出来的药还堆在桌子上，她忙得忘了吃。

14:01

段爱平终于吃了药，可她还是闲不住，过一会儿就到村委会门口看看。她说，县里的亚梁中药材种植专业合作社的负责人说好了下午要来，谈与村里合作的事情。

村民的生活还不够富裕，一直是段爱平的心病，而

段爱平和安宏卫、桑耀文商谈合作事宜。　周慧/摄

种植中药材终于让她看到了希望,她想着明年至少让每户村民种上两亩……

等人的空隙,她又去盖房的工地转了一圈。

15:11

合作社的人终于来了。负责人桑耀文是一名大学生村官,安宏卫也是农村出身,在以前的接触中,两个人了解段爱平的事迹，所以对她非常尊重。

他们向段爱平解释了合同的细节、能提供的帮助以及需要注意的问题。而段爱平则只有一个目的：多给村民们争取些保障，即使种植中药材时出现意外，村民们也不会遭受损失。"现在玉米一斤一块多呢，可不敢让乡亲们赔了。"她反复地说。

15:44

商谈结束，送安宏卫、桑耀文出去的时候，段爱平从包里数出3000元。面对记者的不解，段爱平解释说，刚才去工地时，麻会清还在为钱发愁，她再给他拿点，"凑个1万元，先结了这一段的工程款"。

此时，麻会清已经等在村委会的院子里了。从段爱平手中接过钱，这个头发花白的中年汉子一个劲儿感激地笑着。

上了车的安宏卫、桑耀文又返了回来，拿出500元钱硬塞给段爱平："段书记，我们知道您不容易，这钱您一定要拿着，哪怕去帮别人也好……"

17:35

天色已晚,而且带状疱疹需要输液治疗,在刘亚飞的坚持下,段爱平终于决定回县城。

18:43

在刘亚云家附近的小诊所,段爱平开始输液。躺在病床上的她,终于可以歇一会儿了。

21:02

4瓶液体输完,段爱平回到小女儿家吃晚饭。饭吃到一半,她又开始数药片——因为食道癌,部分食道被切除后,她的胃就一直反酸,晚饭后更加严重,只有在吃饭中间吃药才能保证药效——这一次多了5片安眠药。

21:38

段爱平躺在床上,等待着安眠药带来的睡意。

文/《山西晚报》记者张立宇

以段爱平为镜

她曾挣下百万家财,却全部投到贫困山村;她曾拥有健康的身体,却累出一身沉疴。村庄在一天天富足,她却一天天羸弱。"拼命支书"段爱平用高洁的灵魂感动了一个国家,诠释了什么是"最美"。

先锋模范是一个时代的精神标杆,是"看得见的哲理"。2014年2月13日,山西省委书记、省人大常委会主任袁纯清到医院看望慰问段爱平时动情地说,全省的党员干部要把段爱平作为一面镜子,对照检查存在的问题;全省党员干部要向她学习,向她看齐,在各自的工作岗位上更好地发挥先锋模范作用。

榜样是一面旗帜,也是一面镜子。镜子清晰可鉴,能照到深处、照见细处、照着实处,能够像鲁迅先生所说的,照出"皮袍下面藏着的'小'来"。段爱平就是这样一面纯净、纯朴、纯正的镜子,她不但是新时期基层党员干部的优秀代表,也完美地诠释了守信义之德、持坚韧之魄、思创新之路、励图强之志的"山西精神",全省每一名党员干部在她面前都应该有所思、有所悟、有所得。

以段爱平为镜,照照自己心灵美不美。段爱平将自己的家财无偿用于改善村里的生活生产条件,这不仅是美,而且是大美至美。我们要学习她视群众为亲人、把群众事当成自家事的无私情怀,带着对群众的深厚感情服务群众、服务民生,始终保持党同人民群众的血肉联系。

以段爱平为镜,照照自己境界高不高。段爱平虽是基层干部,但大公无私,乐于奉献,心里装的全是百姓的事。我们要学习她一心为民、从不谋私的真正共产党人的崇高境界,补精神之"钙",祛行为之"垢",炼就"金刚不坏之身"。

以段爱平为镜,照照自己敢不敢扛硬。段爱平虽然重病在身,但一刻也不停地带着乡亲们干事兴业,不怕困难、不怕牺牲,在和平发展时期生动诠释了伟大的太行精神。我们要学习她勇挑重担、不畏艰险的责任意识和担当精神,在推进综改试验区建设的主战场上披坚执锐,攻坚克难。

以段爱平为镜,照照自己作风实不实。段爱平出实力、办实事、求实效,从村民们迫切需要解决的问题入手,一点一点地干,一步一步地往前走,办了许多纾民难、解民忧的好事、实事。我们要学习她为民、务实、清廉的好作风,拆掉与群众之间的"心墙",从民生最紧迫处"破冰",与基层群众共谋发展思路,共觅致富路径。

以段爱平为镜,照照自己干得好不好。在段爱平的带领下,全村人团结拼搏,增收致富,使一个地处山区、资源匮乏、班子涣散的后进村人均收入从2000元增加到6000多元,村里发生了天翻地覆的变化。我们要学习她不甘人后的进取意识和拼搏精神,在百舸争流、千帆竞发的发展态势中勇往直前、力争上游,努力创造出无愧于人民、无愧于时代的业绩。

习近平总书记强调,照镜子,不认真照,就看不出美丑。第二批教育实践活动在群众"家门口"开展,市县领导机关、领导干部和基层单位同人民群众的联系更直接,其不良作风更直接损害群众利益、伤害群众感情。每名党员特别是领导干部,必须拿起段爱平这面可照短长、可知得失、可明差距的镜子,认真照一照,照到心灵深处,看自己的思想差距在哪里、有多大,看行为背离到何程度、有多远,切实以整风精神整改之、纠正之,确保教育实践活动取得群众满意的实效。

文/《山西日报》记者田建平

与群众心连心相处
为群众实打实办事

第一次见段爱平,是在2013年夏天。山西"最美村官"的颁奖现场,一个面色黝黑粗糙的妇女怯生生地走上台,"我以前卖煎饼的……我以前卖煎饼……"她紧张得语无伦次,连说"怕了,怕了"。接着,她开始擦汗,开始抹泪,开始断断续续讲她的乡亲们。她哭了,台下许多人哭了,这个带着泥土气息的村妇以这样没有任何雕饰的初心和对村民深情的眷顾,首次出现在公众视野。

第二次见段爱平,是在电视上,在劝解一位村民时,她又哭了,她说:"他们一哭,就像拿刀在我心里绞。"在暴雨中,她帮村民转移时说:"只要老百姓好,我就好,没有老百姓了,我给谁当?出一个事,心里就难受得不行，不用说两个，我承受不来。"说着，又哭了。

第三次见段爱平，还是在电视上，这次，她笑了。她说："我当村支书十多年，搞得家里盆干锅净，空荡荡的，成了个穷光蛋，可我心里蛮高兴，为甚呢？因为我为老百姓搞了各项需要的工作，很满足，很踏实。"

这是一个癌症晚期的57岁农村妇女，没有什么文化，她甚至称自己是一个"烂老婆子"，有的就是一颗贴钱、贴工、贴命的心，一说到她的乡亲，她总是常含泪水。她不会说爱，却用生命一点点诠释着爱的内涵。

爱，是原动力，一个农村基层干部如果心底没有对一方父老的深情，又谈何为他们谋福祉？更谈何为他们心甘情愿付出所有？

袁纯清书记去医院看望段爱平时说，党员干部要以段爱平为镜子，照一照自己，看看心灵美不美，境界高不高，敢不敢抗硬，作风实不实，工作干得好不好。

在推进第二批群众路线教育实践活动中，在基层群众对祛除"四风"的期盼中，我们要对照理论理想、党章党纪、民心民声、先辈先进"四面镜子"，认真查摆自身存在的问题。而段爱平就是我们身边的一面"镜子"，与这样一位朴素的村官相比,我们是不是相形见绌?是不是看到自身存在的脱离群众、服务群众不到位,甚至侵害群众利益的问题?

以段爱平为镜,看看我们的心里有没有装着一方水土,有没有装着老百姓的日子?在如今的农村,有许多致富不忘乡亲的党员干部,他们也像段爱平一样,用自己的财富和感情反哺着养育他们的村庄,甚至也像段爱平一样散尽家财,帮助群众解决困难。在他们心里,走得再远,飞得再高,最亲的还是那片土地和土地上的人们。在他们心里,他们不是回来做官的,而是为百姓做事的。在他们心里,没有什么官僚主义,只有心往一处想,劲往一处使,盼着老百姓早日过上幸福的日子。但也有一些基层干部,老百姓是有意见的,他们装着水土,是为了从中牟取私利;装着日子,是装着自己的小日子;装着百姓,只是装着家族的人或亲近的人。老劳模申纪兰曾说:"有私心就不能当干部,有私心就当不好干部",那些满心装着一个"私"字的干部,是和群众不贴心的,迟早会被群众选下来。

以段爱平为镜,看看我们有没有乐于奉献、甘于吃苦的境界？工作在基层，事事催人，段爱平总是不顾自家顾公家，不顾小家顾大家，不顾个人顾集体，而且一顾起来，连自己的命都不顾了。她图什么？什么也不图，就是想让老百姓的日子好起来。"活一分钟，我就要干60秒"，这是她常说的话。与这样一个心底澄明的人相比，我们一些党员干部就显得很纠结：奉献先讲条件，吃苦的动力有时就是为了日后的升迁。这样的干部难免会瞻前顾后，对一个地方的持续发展难以扑下身子，全力以赴。而群众也会对其敬而远之，几年下来，与群众的关系就是走了过场。在群众眼里，一个党员干部，干工作是不是形式主义，有没有享乐之风，大家伙看得一清二楚。

以段爱平为镜，看看我们是不是有遇到困难敢扛硬的骨气？在医生眼里，段爱平是一个另类的癌症病人，一个被判只能再活两三年的病人，如今七年过去了，她仍然奔忙在她热爱的土地上。不只是面对病痛，面对工作中的种种难题，她用尽浑身解数不放弃，面对人们的不解，她在一个人时放声大哭，但哭过之后，照样挺了过来。这是一个女人的韧性和坚强，是太行精神真实的传承。群众的愿望很多,群众的困难也很多,面对一些棘手问题,我们党员干部是敢啃硬骨头,还是避重就轻;是能打硬仗,还是临危退缩;是敢担当,还是轻言放弃,群众心里都有一杆秤。敢担当的,群众就会点赞,就会铭记你。

以段爱平为镜,看看我们作风是不是扎实,有没有急功近利?在基层采访时,记者曾看到,有的村庄家家墙上挂着沼气表,但是,沼气池还没建起来,项目就下马了;我们也看到过匆匆建起的农家乐庄园,吸引不来游客,很快成了一片破败的空房子;还遇见过大好的农田,圈起来几年不见动静,就那么荒芜着。段爱平是怎么做的?一点一点,一件一件,每一件都是从村民的迫切需要入手,没有形式主义的东西。当然,基层发展同样需要远见,需要紧抓机遇,但是,我们一定要警惕花架子,警惕那些面子工程,警惕那些拍脑袋的政绩工程。

以段爱平为镜,看看我们有没有找对路子,干出实绩?方向先行,行动紧跟。一个基层村干部,除了是一个好人,还需要是一个能人,能让老百姓实实在在感受到致富的节奏,能触摸到生活的希望和幸福感。在帮助村民致富的路上,段爱平可谓花尽心思,鞠躬尽瘁,让返底村的百姓生活日渐殷实。现在,有的村庄充满活力,有的村庄却日渐沉寂,留不住年轻劳动力。为什么?找客观原因,找历史原因,终归不如从基层干部身上找原因。对照许多像段爱平一样优秀的基层干部,我们要反思,路子对吗?努力够吗?我们要听群众说真话,请群众揭短处,找准制约当地发展的"靶心"。

毛泽东在《农村调查》的序言中写道:"没有满腔的热忱,没有眼睛向下的决心,没有求知的渴望,没有放下臭架子、甘当小学生的精神,是一定不能做,也一定做不好的。"以段爱平为镜,正正自己的德行,正正自己偏离的内心,查找一下自己的"四风"问题,相信,我们会得到精神上的清明与富足,会与群众心连心相处,为群众实打实办事。

文/《山西晚报》记者陈力方